D0575145

CHASSE

AUX LICORNES

© Les Éditions de l'Écrou & Marc-André Lévesque.
Tous droits réservés pour tous pays.

Illustration:
Gabrielle Matte

Photographie de l'auteur:
André Lévesque

Œil extérieur:
Stéphanie Roussel

Dépôt légal: 2e trimestre 2015
Bibliothèque et Archives nationales du Québec
Bibliothèque et Archives Canada
ISBN 978-2-9813911-6-2

Les Éditions de l'Écrou
www.lecrou.com
info@lecrou.com

BARON MARC-ANDRÉ LÉVESQUE

CHASSE
AUX LICORNES

Les Éditions de l'Écrou

CHASSE AUX LICORNES

BAIN DE FOUDRE

UN SUNDAE AUX DRAGONS

LES MATELOTS S'EN CÂLISSENT

*l'astérisque indique de nouvelles versions de poèmes précédemment publiés dans la revue Le Pied.

CÉRÉMONIE DE CLÔTURE

c'était l'autre bord d'un décès broche à foin
un après-bal où les têtes roulent dans la bouette
où les yeux se perdent et serpentent
        c'était au bout du déluge

on existait flous
sur la plage d'un fleuve essoufflé
ça exubérait c'était ébat atrocetomique

les reflets du Styx s'adonnaient
à un Boléro de Ravel sur nos nez
les nymphonies en lumière d'eau
se garrochaient sur nos visages
ça exubérait rebondissait
c'était batifolie posthume

c'était bien beau mais là
une fois rendus
figés dans l'arrivé-de-bonne-heure
on avait hâte que le reste du monde
éclate et nous rejoigne
        Ça finit de même.

C'EST LA FAUTE À ON-VA-PAS-DIRE-C'EST-QUI

ça me plus que trotte
ça me galope en tête
comme des chevaux dans la fête des furies
c'est un train qui fait shaker les montagnes
un train qui brise les murs du fond sans freiner
fonce et défait l'armure par en dedans
c'est une parade
les mots brassent et bardassent
les troubles se tassent
ça chiale cette idée-là ça chiale fort
ça braille en joual intime
en jouant dins films dans ma tête
en attendant le naufrage

l'aveu débroche les ruelles qui creusent mon front
cambriole les poubelles ça abuse les ponts entre nous
c'est brutal
on cogne les coches et on dynamite
les dix-mille millions de rocailles
fruits des foudres broyées par les Titans
            oui les Titans on niaise pus

on garroche les chaises au travers des fenêtres
ça marchait pus de toute façon
c'est la colère des océans troubles
la mer féroce qui frétille
on plonge-tu bientôt?
on se cache-tu juste toi et moi
avec une vieille couvarte
pis une petite tasse de thé?

non? pas assez? t'en veux plusse?
attention tu vas voir
l'avion va s'en aller de moi si je m'emporte
il fera des plis dans les nuages
et des vagues dans la pluie
il va dévisser au passage
les coudes des portes et puis
trébucher au sol
envoyer voler les chapeaux

c'est déjà le début
l'idée bondit du cœur aux tempes
dans le beat d'un clin d'œil le tien
brûlons brûlons c'est la fin du confort
fais donc briller une fois et quart
mes barils de Baron mes bombes de blues
ou bedon Ba-Boum d'un bord ou de l'autre
ça va exploder
oui, avec un D c'est plusse fort

on va virer la table de bord
ô princesse! personne va te croire
que c'est sorti de même pour vrai
en milliers de petites gouttes de feu la première fois
éparpillées partout déportées la première fois
sans épargner le nous sans doser
la première fois que je t'ai dit:
toi et moi ça finit de même.

LA TOTALE

ci-gît Jean-Claude Bérubé, retrouvé mort en 2015,
territoire ennemi, en pleine Guerre Totale.
Voici la liste des choses que Jean-Claude a tuées pendant la guerre:

— un Albertain
— deux Acadiens
— quatre camarades
— la mère de chacun et la sienne
— un suisse, deux rats, un lapin
— le rêve d'un Américain
— vraiment, un beau petit lapin!
— 8 idées de titres pour des livres:
   — *La nuit est mon Spam*
   — *Mon autobiographie*
   — *Mon autobiographie, tome II*
   — *Comment dépecer un lapin*
     sans perdre son moral de troupe
   — *Le sang des cigognes*
   — *Journal de guerre, volume IV*
   — *Hétérosexualités, une introspection*
   — *Apocalypse Noune*

Retour à la proposition principale, ce que Jean-Claude a tué pendant la guerre:

— la guitare d'un vieux Roumain
— les ambitions de ce dernier
— trop de jeunes Russes
— pas assez de temps
— au moins cinq drapeaux inoffensifs
— deux présidents et leurs sommeils
— trois premières dames
— vraiment, vraiment, ce joli petit lapin
— l'embryon d'une révolution
— ses souvenirs d'avant-guerre dont voici une sélection pas tant exhaustive qu'exacte:

    — la machine à reculer les cassettes
    — le deuil de son chien, Cheeko, 2003-2012
    — une bière avec Zuckerberg
    — un Pentagone troué
    — *L'Acadie, l'Acadie?!?*
    — le blues et la poésie
    — «dans le Nord autant que possible»
    — la fois où il a échangé son Charizard métal contre le Geodude vraiment très ordinaire de Jérémie Sansregret en quatrième année, où on lui avait dit sans relâche et sans arrêter jamais au grand jamais au grand jamais qu'il s'était fait fourrer, et où il avait cherché dans les deux ou trois livres de la maison la signification du mot fourrer, si c'était bien ou mal, si c'était méchant, et où son oncle lui avait fait un dessin pour expliciter la chose «fourrage»
    — une poignée de main Layton en élection 2011 et le deuil au mois d'août
    — un 5 $ perdu contre Julie Cristal, danseuse nue à Chicago, au sujet de la guerre en ébullition, et un 10 $ sur

une partie Montréal-Ottawa interrompue par la Bombe
— sa phase «Je tripe sur les motos» jusqu'à ce qu'on lui offre une *ride*
— sa non-peur en signant les papiers de guerre
— la fois où il a déviergé Julie Cristal, à Sorel
— la Julie Cristal qu'il a aimée pendant une seconde à Pyongyang avec un gun dins mains

Retour à la proposition principale, ce que Jean-Claude a tué pendant la guerre:
— des hommes, des femmes et des enfants d'abord
— le lapin, le lapin qui n'a jamais tué
— presque aucun kraken
— une bibliothèque par le feu
— un lapin pour le manger
— son goût pour la viande
— son ciel
— un quand même mignon, quand même amical, petit lapin gentil et amical, un bon lapin, vif et motivé par ses ambitions amicales de lapin: en devenir un grand et fonder une famille de lapin, la Totale!
— un Jean-Claude Bérubé fou épuisé et le camarade de personne
        Ça finit de même.

NINJAS ASTRONAUTES

les ninjas sur la lune
n'ont nulle part où se cacher
n'ont personne à taire et rien à protéger
passent la journée longue
à jouer aux cartes dans un cratère

les ninjas dans la lune
sont vraiment pas alertes aux choses qui arrivent
mais sont créatifs
ils vont te sortir des grandes phrases de fou
et se perdre dedans se cacher dedans
en petite boule chuchotée secrète
pour mieux les protéger

les ninjas sans la lune
n'ont que peu à quoi rêver
mais en masse de temps à tuer
les ninjas sans la lune se perdent un peu
on les surprend parfois
à penser au soleil

les ninjas autour de la lune
sont des comètes bien équipées
violents et discrets ils circumnaviguent
le pied pesant par en avant
en attendant les cosmonautes
requins et vautours les ninjas ont faim

les ninjas au clair de lune se fient
à leur imagination et leur sens du vice
ils marchent doucement et tuent sans vacarme
n'éveillent rien ils bordent les soupçons
comme on borde un enfant ou un précipice
      Ça finit de même.

EXTRAIT DE COLÈRE À L'USAGE DE MON ENFANT

quand ta mère t'enlève te retire
quand ta mère t'arrache du carré de sable à 5 ans
vite-fâchant ça en prend pas gros
t'en perds la maîtrise des choses
ton empire en petite garnotte s'effile
goutte par grain de ta main de garderie
dis-toi qu'au moins t'auras encore
un peu de sable dans tes sandales

prends ta vengeance à deux mains
fais-lui ta tempête de face
ton ouragan-outang de cris fuckés
coup d'État de pieds qui pédalent
lousses et puissants
lâche-z'y un gros whack de démon païen:

que la divine colère et la cruauté gratuite des dieux de
l'Olympe s'abattent sur elle et la démanche violemment
que Poséidon la noie
que Zeus lui-même l'électrocute drette là
qu'Hadès l'exécute encore
et que Charon la pousse
oui, en bas de la barque!
oh c'est ta mère mais c'est pas grave
que Cerbère la déchire en morceaux égarés
inégaux garrochés, à coups de têtes dans l'ultime
que le Minotaure lui perce les yeux avec ses grosses
cornes sales
que la lance d'Athéna lui traverse le visage
et qu'elle se fasse galoper dessus par Pégase en personne

fais-y les yeux qui la vireront en roche
oui, sa vengeance sera terrible
oui, t'iras dans le coin après
mais c'est pas grave
Dionysos s'en saoule parce qu'au fond
t'auras encore du sable dans tes sandales
　　　Ça finit de même.

FRENCHER EN 4

aube sur ton nez
les saisons se déhanchent

le brûlé des feuilles mortes
fractures verglacées
genou dans la bouette au jardin
chlore et Popsicle

crépuscule sur ta nuque
balançoire à souhaits

citrouilles égorgées au papier de toilette
tombé-sur-le-cul vieillard casse-réveille la flaque
les trois jours de t-shirt
éraflures d'asphalte

un après-midi en robe de chambre
sur les ondes de tes oreilles
   Ça finit de même.

si un robot meurt tout seul dans la forêt
et que personne l'entend faire,
comment sait-on si c'est triste?

DISCOURS DU DRONE

mettons, mettons on parle pour parler on échange là
court-circuit réseau flambe
les données brûlent
fichiers s'effacent
et le rien s'accumule en cendres

de quoi ça jappe avant décès un robot?

quand l'automaton s'éteint tiraille personne
les rouages ralentissent grincent et pleurent
complainte rouillée s'étire quincaille
les viscères sortent lousses et se laissent sécher
            métal est seul. point. fin de vie utile

le chialage des ruines c'est pas grand-chose
personne écoute le discours du drone
même pas pris le temps de le noter c'est une
tragédie le discours du drone
tout le monde s'en fout

tout le monde fou
des fuites nouvelles
c'est ainsi mort du monde
immole en oubli

pas pris. temps. pas noté. pas
morte pas. jamais pas. jappe dans le beurre
la mort. ma. pas-noté patente
   my mind is going, Dave

vivant jamais-pas. non. c'est une
trace, j'ai dit c'est un. pas c'est une
non-mobile non. pas. point.
   my going is Dave my mind pas

que j'ai que j'ai. pas que de discours
ma douce. flore. pas s'éplume.
paroles s'envolent et les débris restent
   Ça finit de même.

MONTÉE PAIEMENT

je ne sais pas si tu me cherches
mais tu vas me trouver
dans le parking du Tim en bas de Paiement
couché dans la piscine de mon pick-up

à côté des réunions de cousins
en quat'roues bouetteux capote-moteur
on s'installe en chaise à plage
sur la p'louse à monsieur Horton
on déverse le café tiède sur les sphaltes du paradis
pour dissimuler des moitiés de Wildcat

ça se déballe des légendes à 30 minutes d'urbaines
épargnés par les bureaux
pis le rodéo des *rides* de bus
ça dérive à un Tim-sur-Paiement
pendant que le jour met ses pantoufles avant d'aller se coucher
ça se dit faudrait rentrer
ma mère me cherche
tant que t'as ça t'es encore un peu en vie qu'ils disent
       Ça finit de même.

LES CORPS DE SUZIE

ton soubresaut de sourcil
tout de blême vêtu
a fait sur ma vitre une onde de puck
tendrement, presque, forcément
il y a un souci du tectonique
quelque part en haut de tes yeux

dans le tremblement des terres
en pattes de mains qui tapent
dans la guerre et la pluie
d'un continent qui revole
ton menton me chavire la face

ecchymose sur ma joue
le jeudi d'une bouche
c'est un bruit frisson
d'internet nineties
coup de feu en carton
soleil tison gargantuesque
quand jeudi tes lèvres
m'ont donné naissance
        Ça finit de même.

HALLOWEEN, HALOUIGNE, ALL WINGS, TOUTES LES AILES AU BAL MASQUÉ

dans l'éclosion des _____ d'un jour
à matin la radio fait jouer Thriller
les enfants s'entre-maquillent et s'enfargent
dans leurs beaux habits fripés

et Satan beurre ses toasts
tranquillement

tounight'z'gonna be a goude night dit-on
un parté une belle souérée des bonbons de la bouésson
des déguisements smattes
et des pelouses ornementées
de tombes en foam craqué
et de faux-sang qui sèche
y'a des zombies qu'on embaume
des squelettes qu'on enterre
et des fantômes sur la dérape
qu'on libère de leurs draps
une fois la fête éteinte
les morts se réveilleront demain finalement

à soir c'est la démembrade des équipes de costumes
les Ghostbusteurs chacun leur bord
les Ninja Turtles chacun leur bord
une gang d'ustensiles, des leaders communistes
les invincibles, les membres de KISS
la Justice League éparpillée:
    Wonder Woman vomit à Villeray dans une poubelle
    Superman frenche une autochtone sur le Plateau
    Batman marche seul sur Jean-Talon depuis un heure
    Green Lantern n'était pas invité
        personne ne répondra à ses messages
        il passe la soirée à écouter *Saw III*
        avec sa soeur, de l'ennui pis un bol de chips
    Flash est arrivé en retard
    il se cherche un peu sur le dancefloor avec d'autres invités:
        une madame chat se dandine sur *What's New Pussycat*
        un prisonnier tète un suçon sur une toune de Johnny Cash
        Margaret Thatcher cale un shot sur *La Dame En Bleu*
        Darth Vader s'abreuve en débauche au travers du masque
        on saura jamais c'était qui mais
        c'était Mononc' Serge dans le background

c'est la nuit des scènes de bus mal éclairées
un cow-boy avec des lunettes
une sorcière avec une tuque
une infirmière semi-démaquillée dans la lune
la moitié cul d'un cheval assise seule dans le fond
avec un journal de la veille
et trois policiers sur la brosse qui chantent

au tournant du coin de minuit
un marin endormi
la face dans la fenêtre
à mi-chemin entre le dehors et le dedans
à mi-chemin entre octobre et novembre
quelque part entre la conscience
    et quelque chose de beau
    Ça finit de même.

CÔTE-DES-NEIGES SKYLINE RAG

j'écoute le mélange d'un printemps qui fond juste
    pis d'un autre qui crible en bluegrass

j'écoute le soleil qui pisse en 'tites gouttes le printemps partout
j'écoute le ruissellement du country une paire de chips
j'écoute le crépitement j'écoute
                      le boogie des colimaçons

j'écoute rien d'autre que Dylan et drette là
    la lune est loin drette là deux chiens se jappent
    un petit pis un drette là gros
    seul le petit continue de japper
    le gros s'est pas abaissé
    il est drette là passé à autre chose

j'écoute les jacajasettes en japures
j'écoute une saison de jaquette en balcon
j'écoute les bribes en briques de murs
    le téléphon qui son pas. tellement dérougi qu'il en est bleu
j'écoute le blues

le miel des tiédeurs me regarde
les no-parking de cours me regardent
le bouchon qui trône sur son bois neuf me regarde

la petite madame grand-matante
en manteau brun-chic brunch-quickie
béret-pantoufle léopard qui traverse en craquelin la bouette
        elle, elle ne me regarde pas.   .non

elle est occupée
à traîner sa béatitude
dans l'humeur aqueuse des prés
dans l'entre-deux-épaules rude des bâtisses

elle est occupée à être bibitte qui grouille
en dedans du décor, elle, elle ne me regarde pas
elle est en pause de je-sais-pas-quoi, oh, deux secondes.
ok   là elle me regarde
     ah ben
     Ça finit de même.

GARBAGE IS A NICE WORD

je me suis levé ce matin
je pensais aux enfants soldats

j'ai un ami Fictif il a huit ans
il lance comme une marde huit ans bientôt neuf
même là imaginez grenade en main
forcément ça lui explose dans face
il y a du Fictif partout déporté par la suite des choses

pas toujours au courant de tout, les enfants soldats

je me suis levé ce matin
je me voulais rassembleur

les enfants soldats
pas juste des lutins mitrailleux dans des pays loin
c'est un peu moi c'est un peu toi
c'est beaucoup d'ils et d'elles c'est vous.nous.je.tue.tsé
c'est un bain de monde qui détruit
ce sont les ceuses qui suivent les recettes
en Ricardant la télé les ceuzes qui suivent
les petites lignes à terre les ceuses

qui pensent à eux-mêmes en se levant
le matin et en se crossant le soir

je me suis levé ce matin
en rêve de fou en bombes de claques
tornade du crisse en fleurs qui poussent
des chars qui passent en coup de vent
bourrasques et boxeurs d'assaut

ça plus que pisse, ça dégallonne
verse en pulses dépulpe le vent
l'air devient éciré lisse
pus stressé pus énervé
drette
l'air est fli c'est ça le mot
le L agit comme membrane entre le tout et le rien
le reste presque-vit en caresse de drapeau

ainsi la marde se déroule
rondement et sans audace

       je me suis levé ce matin
       le prix de la honte avait encore monté
       le sang sur mes mains est une activité économique

       je me suis levé ce matin
       je pensais aux enfants soldats
       je suis retourné me coucher
           Ça finit de même.

PARTY TIME À NEW YORK CITÉ

les cavernes clôturées
avec des chars dedans
des autos stackées une sur l'autre
un étalage de carrosseries en plein vol
accrochées au-dessus du reste des affaires

y'a des trucks prisonniers
et des *tires* qui traînent
y'a de la rouille pis des bibittes
pour tenir la compagnie

et on voit les miettes d'arc-en-ciel
fuschia, vert lime, rouge Coke
bleu poudre, jaune Snapchat
une averse d'M&M

la clarté essoufflée se rend
jusque dans leur craque
dans leur trou leur faille
le grillage ne résiste pas

on voit les miettes d'arc-en-ciel
comme celles d'un soleil de fridge
une lumière qui rebondit s'effondre et devient
la trace floue d'un phare au frette
loin loin loin
le petit feu Crayola de Times Square

c'est un endroit parfait pour être un char abandonné
un endroit parfait pour siffler seul
ou mal accompagné ou mal accompagnant
un endroit tout indiqué
pour les plaisir gorlots
et les fanfares saoulonnes
loin du cri en tuba lourd
du Staten Island Féerie

y'a du plywood déchiré
une cour à scrap en poudre
y'a des longueurs y'a du sel
y'a du métal orphelin
pis des relents de musique
c'est un nid dans un bloc
c'est une péninsule cachée

ils ont tout ce que ça prend
pour fonder une clique
forger une équipe de Vikings
un boys band en bicycle à gaz
une ligue de bowling de garage
une armée de belles *garbages* gratuites
un illuminé cadeau emballé de broche en fer

ils ont tout ce que ça prend pour être pénibles
et ce sans aucune floraison
ils ont tout ce que ça prend pour être là
party time
motherfuckers
    Ça finit de même.

BATIFOLIE POSTHUME

on s'est suivis dans le chacun des sois
s'est pris les jambes par le cou
galopés tout en nuitant sans inviter
les averses de gris vide du dehors
sans inventer rien d'autre que le feu

on s'est suivis dans le chacun des sois
s'est épousés le palais à pluie plaisir
combustionnés à grand'garrochées de têtes
lancées dans le vertige et l'esclaffade

à force de trébucher
pieds joints dans nos gouffres
on était palpables râpables grugeables
équipe secrète d'épices épiques sur le KFC des sens
on n'était pas badigeonnés de révolte

on s'en aphrodissait
fondus l'un dans l'autre
comme des vieillards de Titanic
le violoneux ne jouait que pour nous
et tu hurlais en louve tes demandes spéciales

l'affaire c'est que
les glaciers vieillissent mal
ça s'écroule autour et on s'écrie
marmonne à pleins poumons on brasse le lit
assez fort pour changer les continents de place
d'un coup que ça change quelque chose

enflammons-nous sexploitons-nous
exhumons-nous surexcités
dans ton nid d'affrontaines
réponse en tonnerre aux coups des canons
éblouissants sacri-blasphèmes
sous le chant des dragons libres

le monde éclate et nous rejoint
décrochons les affaires graves
de leur cintre d'univers et laissons-les
à terre à traîne à feu à sang
à l'aveuglette avec nos bobettes
effondrons-nous
ensemble pas pressés
en attendant tout noter
s'essouffler
se suivre et en finir de même.

UN SUNDAE
AUX DRAGONS

most people have a vague feeling that no reptiles,
except turtles, are to be trusted

- Archie Carr,
spécialiste en reptiles

Tout en eux porte l'empreinte d'un abandon presque général
et d'une disgrâce absolue.

- L'abbé Bonnaterre,
dans *Herpétologie*, 1789

AH BEN

je l'ai croisée dans les regards tantôt
on s'est aperçus la senteur
les cœurs crossés bâtards costauds
on s'en va se sauter dessus astheure

courvette coquaille rocailleuse
dans sa charpente filée
sa printance à elle
s'effile et s'éfflore
m'esplendit m'époustaflouffe

sa candeur est bonbon et son feu malin
un coup d'aile et coudonc
nous rev'là rendus requin chacun de l'autre

on s'effeuille et elle m'emplit de papillons doux
je fume elle s'abat et m'ébat
on s'ébat et s'abat en fa mutuel
tournicoquette tournicourvure
on s'ébat et s'abat manuelles manœuvrures
je flume elle m'encendre les poumons
je spectacle je feu d'artifice
elle s'en va *jive* en farandole
dans le haut des nuages frères
elle se perd les pas les hanches
en plein strato-stradivarius

on piétine avec nos ailes rocheuses
la vierge nature de l'Olympe

nous sommes deux bêtes folles en baise
et nous foudroyons les cieux
à grands spasmes éoliens géants fébriles
ça roucoule en braises, ça, monsieur
on explose de partout
pis par en dedans les deux
plonge dans l'unisson frise le fer
j'avais jamais fait l'amour dins airs
      ah ben   il y a une prochaine fois à tout
      Ça finit de même.

BÉATO

quand ton dos gratte le pouls des étoiles
ton cuir devient leur fenêtre
sur un néant spécial
      le tien

la Gatineau s'émerle en bédaine
reflétant le beau de ton laid
reflétant chalet
tu fais vent et l'eau bondit
ça flatte ton cuir bedon et
tu grimpes, tu montes, béato

tu glisses entre lune et son reflet sur lac
tu frôles de nuit
dans le micro des sillages
les galaxies se flattent
scintilleuses sur ta flottaison de vie
rien ne frotte rien ne chavire

et tu fais vent
happes et re-happes jusqu'à l'aurore
des mers nouvelles du temps
tu frôles de nuit hôte des cieux
tu domptes l'aurore chorale
toi cheval des flores célestes
brutalement béato
      Ça finit de même.

*L'instinct maternel n'est pas
particulièrement développé chez les Reptiles.*

– Archie Carr, *Les Reptiles*, p.132

SI J'EMBRASSE

contre douces et volcanes je m'efface
contre plans et ratés je m'efface oh m'enfarce
contre la nature affamée et la rue des torrents
contre facture du temps qui monte qui monte je m'efface

de tout mon long j'ai faim
de tout mon dragon d'être à mère de vue
je suis bête rare je suis port pas tant atteint
je suis je n'ai rien eu
                mais j'ai perdu pareil
je suis le braille du feu que personne n'entend

je pourrais m'échouer
épave en palais d'os
je pourrais mourir d'essouffle
dans le plus grand des bruits monstrailles
avec des vagues, là, en sommets fulgures!

je pourrais étendre mes entrailles
m'éparpiller le sang-froid
tous, chacun et sa peut-être mère s'en boucaneraient

je refuse. on ne peut ne peut pas
m'avoir abandonné à même mon œuf
je refuse.

lutte! en rafales
lutte! en amont
lutte! prise de bec! solilutte!

si je me fais mourir drette là
        si je me brûle de et par et pour le moi-même
                si j'embrasse le décès
je ne saurai jamais le pourquoi de moi
ni le si de ma mère si j'embrasse
        Ça finit de même.

TSÉ LÀ, LA CHASSE AUX LICORNES

c'est tricky tsé la chasse aux licornes
pas fait pour tout le monde
faut savoir fouiller tsé
ça sent rien ça fait pas de bruit
c'est torieux tsé la chasse aux licornes
pas évident quand on sait pas

c'est encore plus tordu quand ça se call entre eux
quand le cri du délice ramasse les montagnes
pis que les cornes de proies s'assemblent à venger
c'est quelque chose de dangereux
c'est pousser sa luck un peu tsé
la chasse aux licornes

quand la mer des pointes
force le bout de son nez
c'est exponentiel tsé la chasse aux licornes
c'est la masse qui shake de brasier
c'est la magie du sang tsé la chasse aux licornes
c'est des douzaines de trous
dans ton ventre tsé
quand tu fais pas attention
            Ça finit de même.

CARESSE

carcasse bovine trône sur terre humide
si la chasse est bonne la soirée fait sa fluide
        on se la coule mélasse
                dans la taverne des rois

tes ailes s'endorment avant toi
                tu seras pas sorteux à soir
de toute façon le dehors est occupé
                à digérer de la pluie
de toute façon le dedans ruisselle sans bruit
ta journée se consomme
et tu te crépites une guimauve tranquille

vivre ensemble c'est une affaire humaine
un dragon ça meurt seul
        Ça finit de même.

CARNET DE NUIT

sans emploi au palais mort
dans l'après-feu d'un arrivé-vite
dans l'océantuple desséché d'un gâchis
c'est givré poivre-et-sel
mais surtout poivre et partout
un sur-givrage de cendrier qui s'étale

      en gros:
        je gardais une princesse-trésor
        tannée-d'être-là
        la nuit coulait tiède
        une bernache s'est pointée
        j'ai jugé juste et bon qu'elle brûle
        le plumeau s'est sauvé
        j'ai plumé le château

le soleil se lève et bâille
il dit bonjour aux montagnes
et quelque part entre les failles
le gris prête sa chaise à l'orange
      Ça finit de même.

NUL NID POUR LES BRAVES

le nid qui part et s'effrite
pendant la chasse
c'est la raison qu'on cherche
pour trouver l'ailleurs-demain

je reconduis l'hebdomadaire conquête du monde
m'éflèche les cornes et m'afflûte les ailes
farfouille l'univers sans carte et sans clôture

dominer ses alentours
c'est aussi
par la force des choses
par la furie des éléments
par la porte d'en arrière
éventuellement
trouver ça plate et partir

je trottine d'un lac à l'autre
arpenteur-géographe
maître pour l'instant du territoire prêté
je me trouve en me perdant dans les vastetés du toutte
        Ça finit de même.

TOUCHDOWN

poignard plonge dans son festival céleste
s'étire les ailes pour mieux tomber
de plein gré dragon se flushe et déferle

froid et chaud dansent le swing et la douleur
au Rialto de toile et de tôle des écailles
ça s'en va par en bas tête première queue derrière
les miettes de vent ne trébuchent plus elles figent
l'air est lubrifié glissant moelleux
étourdissant doux l'air est fli
la mappemonde se déforme en cri
de suicide adrénaliné
une épitaphe en nuages pelletés de travers

Louise Verdure sortait du marché pain en main
la baboune inclinée par un déçue de sa *date* d'hier

un dragon libre en chute lui a défoncé le béret
ç'a arrosé les passants d'une détresse passagère et sanguine
            toute qu'une étreinte

Louise le sait maintenant
c'est en gardant la mine basse
qu'on a les meilleures surprises
            Ça finit de même.

DRAGONNER

ça naît
  ça se promène
        ça meurt

        ça désire et ça vit
    avec la vraie brutalerie et l'arracharnement
                    que ça prend
            pour démembrer un dinosaure

                    Ça finit de même.

PACO

Paco est pogné dans un lac en Écosse
pis quand il pointe le bout de sa bosse
peut pas s'en aller, tout le monde le regarde

Paco est né là, Paco connaît rien d'autre
Paco c'est le seul dragon sédentaire dans le recueil
c'est pas vraiment de sa faute
Paco va finir de même
enfermé dans des légendes.

#21 (MOURIR AU FRETTE)

quand t'as perdu le feu ton froid y'a frette
mais à part grelotter tu fais quoi?

fournaise ne fournit plus
et flamme se perd en plumes
plus rien ne part en fumée
            sauf toi
                    #21
tu comprends pourquoi les lézards vivent de désert

mourir de sang-froid mourir de sang mourir
tu es dragon #21 tu meurs en fictif
défroisse et refroisse de glace
ton texte est pauvre les mots dégringolent
            en grelots guéligne guéligne
les mots déboulinent comme toi bientôt fondre de froid

le foin est mouillé cru pis sobre
le soleil s'en mouche son souffle te perd
tu meurs sans nom dragon #21
tu t'effaces avant la fin de la feuille
tu décolles de l'affiche et te donnes aux glaçons d'entrailles
ton restant de conscience s'envole comme une balle de golf
            Ça finit de même.

DYSFONCTION VOLATILE

s'emballer s'encouvarter
dans la soupe épaisse volute
sacrer le feu à la lune, étinceler cirrus
délinquer la stratosphère et la dévisser de son siège

baratter dans les cieux la brume en ciment
les gouttelettes sur ton cuir qui balaie l'horizon

c'est bonbon c'est fruit cosmique
le béato des affaires douces

mais c'est con c'est brute et c'est truand
la vie qui te dérobe le fond du ciel
quand tes ailes décollent pas
un matin bête de même

si t'avais une mère elle te dirait
que le ciel sera toujours dins airs
            Ça finit de même.

LA PARFUMERIE TRAGIQUE

je t'ai senti
à deux coups du bonheur
je t'ai suivi
du doigté des odeurs discrètes

j'approche
la bière des pompeux
j'accroche au parfum
du rythme ton été

mes ailes battent, mes pattes se perdent
symphonie en attente d'horizon
je suis à ta porte, je t'entends danser
j'entends la foisonnerie des proies
je t'entends danser
je existe frénétique

à coups de souffle, à coups de frette
une ville. une lumière. des voitures. des hommes fiers.
mes ailes galopent et la foule part folle
la brouille populace s'éparpille en prouffes et en brouâmes
comme feu s'étend mais sans boucane

une ville. une lumière. des voitures. des hommes fiers.
des hommes apeurés. des hommes en liberté.
des hommes armés de chasses et de pêches, de pierres

j'ai senti un coup au bonheur
j'ai senti la peur frapper
l'effroi pousser son cri
coup d'éclat d'un clic
coup de gâchette   top canon ça sent la mort

    ah ben.

        je m'éloigne   je coule   Ça finit de même.

#UNAUTREPOÈMEDECHASSE

attendre
c'est quand même un mammouth, on reste poli

se détendre
ça va bien aller si le poil brûle vite

réapprendre
l'aura de proie pis ce que c'est en train de dire

défendre
un point de vue discutable pis toutte

s'attendrir
c'est doux quand même un mammouth quand même

s'amoindrir
c'est *cute*. c't'un gros coussin brun.
ça ferait un bon ami ou au moins un pouf-qui-jase
il serait dans mon lit la grosse touffe coussin de base
éternel réchaud

attendre
semi-lancer un morceau de pain

se détendre
quand le regard de proie rend serein

réapprendre
le concept d'amitié sans les freins

défendre
contre vents et brassées son nouvel ami

s'attendrir
s'amoindrir
contre l'éternel réchaud

c'est un univers d'avec qui s'offrande
prends-le. dis merci. va-t-en d'icitte.
peut-être trop *cute* pour être mangeable
mais c'est gentil c'est amical
c'est total comme un lapin
        Ça finit de même.

LES CHOSES BESTIALES DE LA VIE

on a dansé sans savoir
ensemble volé sans vraiment vouloir
on vous a fait un beau *breakfast in bed* de bruit

on s'est imprimés dans le sable
on a fracassé votre matin
avec nos whacks en sauvageries libres on a
sauté en bombe dans la piscine de vos sens
on vous a réveillés
on a défriché les cravates de votre paix sociale
wrestligné vos couvartes et vos fronts plissés
brisé vos murs de câbles en mille et une ballounes

vous êtes jaloux on s'en excuse pas
c'est un peu fou la passion reptile
puissant quand ça éclate
patentée en île de lézards brûlants
l'éventuelle orgie de danser sans savoir
          Ça finit de même.

ÇA COMMENCE DE MÊME

vrombissement
dehors écho basse volumineuse
spectres et fontaines en lumière
ma caverne roucoule à partir de moi

ailes contre parois bec à ras friction
personne ne m'attend dehors
je pousse comme l'assaut d'un germe sur son nid
comme une drill qui perce un gouffre
dans le tas de néant autour
   silence.
fissure tranche en lumière
la coque s'éparpille en château de cartes
la clarté fait sa molle salée ça m'engouffre
l'air froid d'une vie me désassassine
me défroisse et tasse les rideaux du jour
   Ça finit de même.

LES MATELOTS
S'EN CÂLISSENT

PAS DE SUPERTRAMP POUR LES MOUSSAILLONS

un café sur le pont
noirceur sur le temps
5 h 00 sur le matin
tes restants achèvent leur éveil

un pouls tranquille d'en attendant
c't'un entre-temps Sud-Atlantique
qui démarre avec son petit café
mutinerie d'avant-matin

les vagues et les requins passants
se racontent des salades, des potins, du bruit mouillé
tu jases avec eux écartellement perdu
dans le dégât des miettes de lune sur l'océan
la consolation n'a pas de prix
       Ça finit de même.

à l'intention et à la mémoire éventuelle des marins, des pê-cheurs, des embarqueux d'infortune et à tous les ceuses qui, un jour ou l'autre, s'évaderont par voie maritime, ce texte est librement inspiré de, et se veut une alternative au document TP 511F, Guide de sécurité nautique, Conseils et règles à suivre pour les plaisanciers © Sa Majesté la Reine du chef du Canada, représentée par le ministre des Transports, 2014

PROCÉDURE D'URGENCE

dans l'éventualité fort probable d'une catastrophe
en cas d'incendie en cas de comète
en cas de mutinerie ou de bête mythique
en cas d'objet contondant (glaçon, missile, rocher)
en cas de tempête ou de tireur actif
il est possible que le sentiment de communauté
s'effondre un peu avant le bateau

dans un tel cas il est impératif
de rester sage et de contempler les possibles
step back and enjoy the show
après tout ça n'arrive qu'une fois dans une vie ces affaires-là
suivre la procédure en quatre phases prévue à cet effet:

phase 1: rencontre, séduction, privilège

faire bon usage de la longue-vue
observer les formes qui se dévoilent au loin
deviner les dangers sans trop savoir
prévoir les risques les garder pour soi un instant
comme un petit secret douillet intime précieux
garder ça en dedans au chaud
garder les ombres floues dans leur brouillard
tout en sachant ce qui s'annonce
caresser le fatum et lui faire des beaux yeux

phase 2: évaluation des risques et communication

en premier lieu, rencontrer le comité prévu à cet effet
et tenter de nommer de quantifier le danger en tant que tel

en deuxième lieu, à mesure que le danger émerge, approche
manifeste clairement son destin ou son intention de détruire
déclencher les petites alarmes une à une
avec la candeur d'un striptease d'alertes
avec un sens soutenu du rythme et
une certaine maîtrise de la montée dramatique

en troisième lieu, marmonner dans un porte-voix
comme si ça allait se rendre
marmonner tellement mou que
personne va comprendre
autre chose que ce qu'ils veulent bien

phase 3: impact et évacuation

au moment du contact charnel entre la coque et le danger
ne pas faire son fœtaliste caché dans la cabine
sortir et contribuer à l'évasion collective
paniquer, socialiser, partir le feu, monter le son
lancer les chaloupes vides
lancer les chaloupes comme on lance des fleurs
comme on lance des grenades
comme on donne un cadeau
lancer les chaloupes afin de faire
le plus de vagues et de bruit possibles
frénétiquement lancer les chaloupes
une par une par une par-dessus bord
une par-dessus l'autre s'il le faut
lancer les chaloupes et se dire
     ces bateaux seront les bébés orphelins de l'épave
     ces bateaux seront des paniers d'épicerie
       bien remplis de rescapés
     ces miettes seront soit salvatrices soit tombeaux
       soit «le début d'une nouvelle aventure»
lancer les chaloupes vides à l'eau et lancer les gens plus tard

phase 4: afterglow, agonie, laisser une trace dans les esprits

une fois l'embarcation évacuée de ses humains
brandir le drapeau prévu à cet effet
alors que le navire fond être roi de la montagne
jurer aussi fort que faire se peut
seuls les collègues entendront ce cri
lancer les fusées d'artifice tellement haut tellement loin
que seuls les condamnés pourront voir
ce sera leur Disney World leur cérémonie de clôture
leur Fête nationale à eux et à personne d'autre
ils seront festifs les orphelins du désastre ils seront gâtés
témoins privilégiés du spectacle de leur mort

plonger et prendre une bonne bouffée d'eau fraîche
laisser l'océan faire ses racines dans les poumons
se noyer pas de tube pas de flotteur
pas d'ostie de nouille en foam rose Popsicle
pas de palme en rubber pas de cage en plexiglas
les requins s'en viennent et savent clairement
que quelqu'un s'en câlissait un peu au départ

quand le village flottant s'écartille
chaque bout est un petit paquebot
chaque étincelle une nostalgie
chaque rat capitaine de son peu
seul maître à bord avant la noyade
         Ça finit de même.

ARMADA

sur le fleuve les vaisseaux abondent ventres gonflés
sur les chaloupes à Charon personne chiale

la ruée des poissons son tumulte et son silence
ça nous bourdonne dessous
nous sommes une armée de petits coups de coude
emboîtés et bumpant l'un dans l'autre
une chaîne de montagnes mouillée hermétique

engouffrés dans un berceau de musique fœtale
vibrés de sourds et d'aveugles bêlements
blues funéreux en échos mais sans lumière
à chacun son cercueil qui ballotte

quand les bateaux s'en vont à l'abattoir
leur boléro s'émiette et se partage
à chaque tas son lot de marins
à chacun son pot d'idées
à chaque rêve sa pin up
à chaque sirène un cigare allumé
à chaque volcan son sommeil
et à chaque clic de canon son armada
                Ça finit de même.

MONOLOGUE DE FRONT

en chest avec mon tatou
d'ancre à bateau su'l'bras
j'ai mon drapeau de pirate prêt
avec 3 heures de matin pis un Southern Comfort

j'ai attaché tight la chaloupe au traileur
en haut de la côte
une idée à la fois fabuleuse et corsée
un rêve de bière

ça commence comme ça d'habitude
mes contes de feu de camp
ça percole ça marine ça crépite
l'idée m'occupe une couple de nuites
comme on occupe un village ou un parc
par les armes par la peur et par l'excitation

la pente de Paiement me regarde dins plis du front
drette là comme des couteaux
lancés dins yeux du coeur

        vous essayerez ça à la maison, guys
        y'a rien de plus baveux dans la vie
                ni de plus drôle
        que de regarder quelqu'un
        direct dans le creux des plis du front

larguez les amarres
faites vos babailles
on a réveillé du monde confus
ça tasse les rideaux, *surprise party*

levez les voiles dernière gorgée
j'étire le temps pas trop pressé
j'attends mon corps qui frappe
j'attends le futur de plein fouet

quelque part en bas
pancarte lampadaire ou un truck au Tim
forcément quelque chose en métal
va me faire un bruit de craque
en repassant les plis
tout le tour de ma tête

      ça regarde creux ça regarde mal
      ça risque de passer aux nouvelles
      ah ben
      Ça finit de même.

V

v pour viking
v pour vaincu

v pour virer son dragon de bord en pleine tempête
v pour ramer contre les vagues en ciment
v pour vrombissement des barbes frustrées
sous les gueulades du capitaine
v pour vies décortiquées
quand les rames éclatent en chœur

v pour mutinerie
v pour planche
v pour garrocher le capitaine par-dessus bord
v pour le banquet des requins nordiques
v pour les icebergs gloutons

v pour voyons donc
v pour vlimeux, vipères v pour hache
v pour varger sur quelqu'un, viscères qui pendent
v pour violence gratuite
v pour une course à la chefferie qui ne finira jamais.

LES MATELOTS S'EN CÂLISSENT

pas de pistolet à eau
ni de poème en Sea-Doo
pas de sexto-pédalo
ni d'hommage à Zissou malgré tout

pas de traversier pour Rockland
ni de guide des *do's and don'ts* des fonds marins
rien sur les pseudo-Poséidons qui sentent la pisse
pas de kit kayak-et-sac-à-dos
avec les sirènes qui ont sucé Ulysse

la foule blême épuisée me prend
sur un bateau où personne ne dort
ça festoie en 'tite boule cul sur métal frette
et ça dit des choses bâtardes:
> *buvez-moi comme un whisky au bord du bain*
> *au creux des canots de naufrage sur le pont*
> *j'ai perdu l'eau mais j'ai trouvé le fond du vin*

j'ai rien vu ni noté j'ai flotté
les matelots me pardonneront
s'en taperont la cuisse
m'offriront une gorgée de bière
dans le visage en guise de salut

toujours mieux de se tromper de bateau
que de manquer le fleuve au complet
anyway les matelots s'en câlissent
> Ça finit de même.

DEUILS AQUEUX (GOODNIGHT SWEET PRINCE)

mes 42 *suits* de funérailles marines
me font des yeux
se battent pour mon attention
se pavanent de la plus sobre manière
vêtement possible

gros sac Ziploc Louise
traîne dans ma valise
ma valise et moi on gît
sur un beau grand bateau
gonflable   qui lui
prend une marche
dans l'infini des vagues
                du lac Simon

«te voilà capitaine de mon peu
laisse voler du moi partout
diffuse mon peu dans l'eau du lac
saupoudre en beauté
laisse tomber un peu de moi dans ta barbe
        finis ça de même.»

DES HYPERBOLES EN SPÉCIAL

et elle me dit pousse-mine en bouche ruh rahruh rwarhrah
et la nuite est là et le fleuve est loin
et c'est la fin de session
la BAnQ et la BLSH et la grosse biblio laide-de-loin de McGill
et la jolie bibliothèque de Sol et toutes les biblios
et tous les cafés sont bondés de gens qui boudent
en regardant par la fenêtre

et le fleuve est loin
et elle efface frénétiquement
et pousse-mine en bouche comme ça rahrahrah
j'imagine qu'elle me dit
qu'elle aimerait mieux être sur un bateau
de croisière et qu'elle aimerait
mieux être sur le fleuve
que dans toutes les bibliothèques en même temps
et qu'elle aimerait mieux être
au fond du fleuve et qu'elle aimerait
être une sirène-monstre-dauphin-spéciale
fucking impératrice au fond du fleuve
omnipuissante
avec son armée de poissons multicolores de cirque
turbo-fluo-arborescence tentaculaire

je vois son règne aqueux pousse-mine en bouche
et la force terrible des océans lui va si bien

libre et vive et fleuve et elle me dit rahrahruhreuh
dans une bibliothèque fade aux néons
dans une boîte en carton pleine de livres
       que personne n'ouvre jamais réellement
       que personne ne lit au complet jamais
et ses doigts tapotent le corps du texte
et je l'imagine et
je lis entre les lignes et je la vois
en backflip au-dessus des reflets de soleil
       et les reflets sont des chips éparpillées
       dans le cosmos du fleuve

je la vois splasher et s'exprimer clairement
et dans mon rêve je l'entends et je l'écoute
et c'est beau et c'est beau et c'est beau
mais là drette là j'pourrais pas vous dire ce qu'elle dit
c'est pas exactement clair pour l'instant
c'est de la lumière marmonnée
pour l'instant c'est un beau spécial
et de vous le mettre en mots précis
ça tuerait le charme un ti-peu
les mots ça fait ça des fois
       Ça finit de même.

LA FACE DANS UN COUSSIN

ça finit en matelas qui glisse
sur un lac Louise gelé
comme un mot doux en troisième année
qui traverse les pupitres jusqu'au port

ça commence comme un rêve
qu'on raconte dans le noir
et ça se beurre dans les échos pour devenir
un peu le rêve à tout le monde finalement

ça commence dans ton salon-lit ton nid-saloon
dans ton couch-douilletterie en couvartes de princesse
un enchaînement de ton corps qui zappe
les disques enlignés comme des moutons chez le coiffeur

ça commence en comparaisons faciles
des allégories de nuage en cœur qui pète
des métaphores filantes de cirrus décrissé
un gros strato-robuste gonflé
de pluie pis d'étoiles prêt à éclore
ça trône drette là en haut du lit
en attendant que ça passe
parce qu'ils t'ont dit que ça passerait
ils t'ont fait des beaux schémas de météo sur une napkin
pour expliciter la chose passage

ça commence comme un rêve tout est là pour être ça
la vague te passe dedans comme un camion saoul
ton matelas flotte t'es sec et sauf
c'est ton navire t'es un matelot
oui, ton lit c'est un bateau, monsieur!

avec une gratuité folle
ça commence en île montagne qui émerge
en Rocheuses qui se brisent, en glissades d'eau
tu descends avec l'avalanche en dessous de toi
comme Hercule au Stampede sur un monstre géant
qui chie partout et déchire Calgary
tu déboules avec la cavalcade électrique du courant qui hurle
déferles dans l'abondance des rapides neigeux
et l'hyperbole épique d'un soir tu-seul
à boire du café instant
à écouter du blues
à écrire du rien
mais un rien quasiment intense pareil
avec des taureaux titans faits en taches de Pollock
qui galopent avec toi en criant à pleine gorgée
comme des saoulons à la fête de personne
tu descends pas attaché pas conscient, amovible
tu descends en poignées de couvartes
pas d'équipage et pas de drapeau
tu te fonds avec la vitesse du bruit une guit' qui chiale
pas de drum pas de basse juste le cri débile

ça commence avec un plan très clair
de rien crisser à soir
pis ça finit en chevauchant le déluge
léger endormi effoiré
la face dans un coussin
ça détruit rien finalement

ça fait comme font les météores
quand ils arrivent au crâne   tsé
c'est très doux.

l'ÉCROU

À PROPOS DE L'AUTEUR

Baron Marc-André Lévesque naît le 4 décembre 1990 pendant une tempête de neige à Ottawa. Il apprend à écrire en 1996 dans des circonstances encore floues. Plus tard, il apprend à jongler dans le cirque ambulant de sa polyvalente et finit par tout oublier le lendemain. Aujourd'hui, Baron rêve de batailles de saloon et de voyages en drakkar et souhaite un jour maîtriser les forces bestiales qui sommeillent en lui. Il se réveille chaque matin au son de la toune du *Late Night Show with Johnny Carson* et aime bien porter des nœuds papillons lors de soirées mondaines. *Chasse aux licornes* est son premier livre.

Déjà parus aux Éditions de l'Écrou

Le naufrage des colibris
Daniel LeBlanc-Poirier, 2013

Cœur takeout
Philippe Chagnon, 2013

Tungstène de bile
J-F Nadeau, 2013

Les choses de l'amour à marde
Maude Veilleux, 2013

D'une main sauvage
Virginie Beauregard D., 2014

Shenley
Alexandre Dostie, 2014

Bleu sexe les gorilles
Jean-Christophe Réhel, 2014